Rainer Schepper

Ich war Deserteur

Reminiszenzen aus dem Jahre 1945

agenda Verlag
Münster
2009

Bibliografische Information der Deutschen
Nationalbibliothek

Die Deutsche Nationalbibliothek verzeichnet diese
Publikation in der Deutschen Nationalbibliografie;
detaillierte bibliografische Daten sind im Internet über
http://dnb.d-nb.de abrufbar

© 2009 agenda Verlag GmbH & Co. KG
Drubbel 4, D-48143 Münster
Tel. +49-(0)251-799610, Fax +49-(0)251-799519
info@agenda.de, www.agenda.de
Layout, Satz und Umschlaggestaltung: Nora Kluck
Fotos: Rainer Schepper (mit Ausnahme von S. 23)
Autorenfoto: Rudolf Merten
Druck und Bindung: SOWA, Warschau/PL

ISBN 978-3-89688-386-5

Rainer Schepper

Ich war Deserteur

agenda

Inhalt

Einleitung	7
Mein Luftwaffenhelfer-Einsatz 1943/1944	9
Abtransport in den Osten	14
Reichsarbeitsdienstlager bei Lodz	17
Die Flucht vor der sowjetischen Offensive	20
14 Stunden bei 14 Grad minus auf dem Güterwagen	24
RAD-Krankenhaus in Clarholz und Marschbefehl	27
Standgericht in Kassel und Strafkommando	31
Frankfurt am Main wird eingezingelt und besetzt	35
Heimreise zu Fuß über Wiesbaden, Mainz und Rüdesheim	37
Begegnung mit Konrad Adenauer in Rhöndorf	39
Zweimal von den Amerikanern aufgegriffen	43
Ankunft in der Heimat	47
Die erste Zeit nach der Heimkehr	50
Nachtrag	52

Einleitung

Dulce et decorum est pro patria mori! – Süß und ehrenvoll ist es, für das Vaterland zu sterben! –

Eine Parole, die sich von Homer bis Klopstock in vaterländischer Dichtung findet, und die im nationalsozialistischen Deutschland aufgegriffen und uns schon in der Jungvolk- und Hitlerjugendzeit indoktriniert wurde. Die gepriesene Süßigkeit des als erstrebenswert hingestellten Heldentodes hatte für mich von Anfang an einen bitteren Beigeschmack, und auf die Ehre vielleicht einmal namentlich mit vielen anderen in Schlachten hingemordeten Kameraden auf einer Heldengedenktafel zu erscheinen, war ich keineswegs erpicht.

Diese frühe Abneigung gegen Heldentum und Heldentod hatte ihre guten Gründe. Schon als Zwölf- und Vierzehnjähriger verabscheute ich den vormilitärischen Gamaschendienst in Jungvolk und Hitlerjugend nach dem Motto „Gelobt sei, was hart macht!", das maßlos unbeherrschte Gebrüll der aus den Lautsprechern grölenden und dröhnenden bedrohlichen Hitlerreden, aber auch den der Wehrertüchtigung dienenden Sportunterricht in der Schule, in dem ich als „Schwächling" verspottet und brutalen Zwängen ausgesetzt wurde. Diese Torturen gipfelten in der Beschimpfung durch einen Latein- und Sportlehrer „Keinen Schuss Pulver bist du wert für den Führer!" und in der von einem anderen Sportlehrer veranlassten Verspottung durch die ganze Klasse als „Kneif-Zittrich", weil ich angstvoll schlotterte, nachdem man mich brutal ins Schwimmbecken gestoßen hatte und ich mit betäubenden Kopf- und Ohrenschmerzen daraus hervorgekommen war. Aber da hatte es noch eindrucksvollere Erlebnisse gegeben, die zwar nicht mich selbst, aber viele andere Mitbürger betroffen hatten. Als 11jähriger habe ich den 9. November 1938 erlebt;

denn mein Vater vermittelte damals meinem um vier Jahre jüngeren Bruder und mir den besten Geschichtsunterricht, den er uns an jenem Tag zuteil werden lassen konnte. Er zeigte uns die brennenden Synagogen in Burgsteinfurt und Münster, die zertrümmerten jüdischen Geschäfte in beiden Städten, auf der Rückfahrt zerschlagene Wohnungen jüdischer Bürger in Borghorst, wo ich verzweifelt schreiende und kreischende Frauen und sie höhnisch verspottende Nazis erlebt habe, und zum Abschluss den geschändeten und verwüsteten Judenfriedhof vor dem Bagno in Burgsteinfurt. Entsetzen und Abscheu erfüllten den Elfjährigen gegen solche Untaten, die offiziell als legal und legitim hingestellt und dazu noch vom eigenen Vater gutgeheißen wurden, auf dessen Schreibtisch meist die neueste Ausgabe des „Stürmer" lag, aus dem mir die Parole „Juda, verrecke!" geläufig war.

Damit nicht genug, ich selbst musste mitsingen, wenn wir als Hitlerjungen, als Luftwaffenhelfer und später als Reichsarbeitsdienstler anstimmten: „Die blauen Dragoner, sie reiten mit klingendem Spiel durch das Tor ..." und nach Ende der dritten Strophe „...und morgen in alle Weiten, morgen da bin ich allein" einen anderen Text nach anderer Melodie anstimmen und singen mussten:

„Krumme Juden ziehn dahin, daher, sie ziehn durchs Rote Meer. Die Wellen schlagen zu; die Welt hat Ruh!"

Mit Begeisterung wurde es von vielen meiner Kameraden gegrölt.

Für dieses Vaterland und seine Schergen, deren Rohheit ich schon in Friedenszeiten zu spüren bekam, zu sterben, sollte süß und ehrenvoll sein? Das wäre mir nie in den Kopf hineingegangen, viel weniger ins Herz. Ein Todeskandidat aus Passion war ich nie und hätte es nie werden können.

Aber das nur als kurze Vorgeschichte.

Mein Luftwaffenhelfer-Einsatz 1943/1944

Luftwaffenhelfer, Autor vorn 2. von links

Am 15. Juli 1943 wurden wir Oberschüler, wie man im Hitlerreich die Gymnasiasten mit einem deutschen Terminus bezeichnete, von Schule und Elternhaus weg als Luftwaffenhelfer einberufen. Damals war ich 16 Jahre alt. Auf dem Schulhof der Oberschule für Jungen am Wasserturm mussten wir uns, mit dem notwenigen persönlichen Bedarf versehen, stellen und marschierten in Kolonne zur Flakbatterie am Königsweg, wo wir in Baracken zu je zwölf Mann untergebracht und zum Wehrdienst in verschiedene Gruppen eingeteilt wurden: Dienst an den Fliegerabwehrkanonen, am Funkmessgerät und in der sogenannten Umwertung. Nach der Einkleidung in eine blaugraue Uniform, zu der die Hakenkreuz-Armbinde der Hitlerjugend gehörte, erhielten wir eine vormilitärische Ausbildung mit täglichem Exerzieren und der Einweisung in unsere Tätigkeit. Später wurde die Flakbatterie nach Hiltrup auf das Gelände des Bauern Vogelmann verlegt und erhielt dessen Namen.

Der Autor als Luftwaffenhelfer

Etwa im Mai 1944 gelang es mir, durch Vortäuschung von Schwäche und Krankheit aus dem Luftwaffenhelferdienst entlassen und vorerst freigestellt zu werden. Ein Aufenthalt im Lazarett in Gremmendorf war vorausgegangen. Die Ärzte konnten keine Krankheit diagnostizieren, aber auch keine Diensttauglichkeit feststellen. Als Evakuierter besuchte ich dann das Gymnasium Laurentianum in Warendorf.

Zweimal gelang es mir in den folgenden Monaten bei den routinemäßig wiederkehrenden Musterungen als wehruntauglich zurückgestellt zu werden, nämlich durch ein zwar einfaches, aber quälendes Verfahren. Mir war bekannt, dass niemand zum Wehrdienst eingezogen wurde, dessen Körpergewicht unter hundert Pfund lag, und so wusste ich durch konsequentes Fasten, das bei der ohnehin immer knapper werdenden Nahrungsversorgung fast zur Unterernährung führte, mein Gewicht reduziert zu halten. Meine Mutter litt noch mehr als ich unter dieser ununterbrochenen Fastenzeit und forderte mich aus Sorge immer wieder auf, mehr zu essen, bis ich eines Tages darüber die ohnehin nur unter schwersten Entbehrungen aufzubringende Energie verlor und – erzürnt über das ständige Drängen meiner Mutter – nachgab, normale Mahlzeiten einnahm und bald mit meinem Körpergewicht die hundert Pfund überschritt. Als ich mich dann im Dezember 1944 der dritten Musterung zu unterziehen hatte, wurde ich mit 102 Pfund Körpergewicht kriegsverwendungsfähig geschrieben und hatte mit der alsbaldigen Einberufung zu rechnen.

War ich ein Drückeberger, ein Feigling, ein passiver Vaterlandsverräter? Schon vor der Katastrophe von Stalingrad im November 1942, nach der der von Hitler begonnene Krieg als unwiderruflich verloren angesehen werden musste, war mir das Verbrecherische dieses massen- und völkermörderischen Unternehmens deutlich geworden. Ich hielt es nicht nur für sinnlos, sondern für unverantwortlich, mich in einen solchen Krieg aktiv einbeziehen zu lassen. Aber auch ohne das; es wäre mir unmöglich gewesen, im Kriegsgeschehen befehlsgemäß auf Menschen zu schießen, sie zu verletzen oder gar zu töten. Ich wollte nicht zum Mörder mir gänzlich unbekannter junger Menschen werden, die gleichfalls unter Befehl, also gezwun-

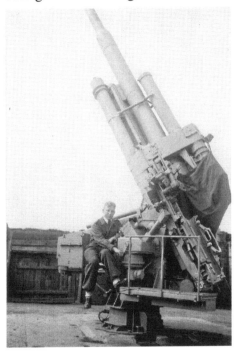

Luftwaffenhelfer an Geschütz 8,8

genermaßen, zum Massenmorden kommandiert worden waren. Aber ich wollte auch selber mein junges, eben begonnenes Leben nicht im wahnsinnigen Eroberungs- und Vernichtungsinferno eines verbrecherischen Diktators gefährden oder gar verlieren. Ich war schon damals Kriegsdienstverweigerer aus Überzeugung, ohne dass ich diese Verweigerung hätte erklären oder von vornherein praktizieren können. Es blieb nur die Möglichkeit, mich krank zu stellen und zu simulieren, um mich der eigenen Gefährdung und der Gefährdung anderer durch mich zu entziehen.

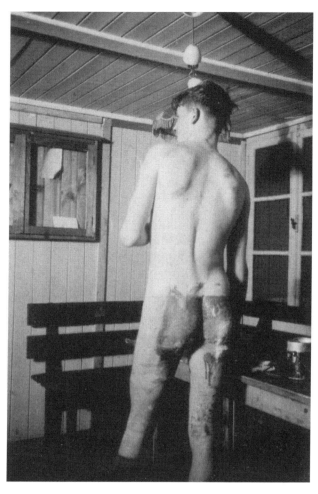

Dieses Foto wurde vom Verfasser nachts in einer Luftwaffenhelferbaracke aufgenommen. Kameraden hatten einem sich missliebig gemachten Mitschüler soeben den „heiligen Geist" verpasst. Man hatte ihn bei tiefem Schlaf aus dem Bett gezerrt, ausgezogen und nackt mit dem Koppel verprügelt, dann zur Verhöhnung mit Schuhwichse sein Gesäß geschwärzt. Die Striemen der Koppelschläge sind am linken Oberschenkel deutlich zu erkennen. – Diese brutale Rohheit war gang und gäbe und konnte jedem Kameraden unerhofft widerfahren. Ein Einschreiten dagegen gab es nicht; diese Art Selbstdisziplinierung war den Vorgesetzten eher erwünscht und wurde ungerügt geduldet.

Abtransport in den Osten

Noch im Dezember 1944 erging auch an mich der Gestellungsbefehl zum RAD, dem Reichsarbeitsdienst; seine Einheiten wurden jedoch damals nicht mehr zur Arbeit, sondern zum Kriegsdienst verwendet. Und am 5. Januar 1945 hatte ich mich mit vielen anderen jungen Menschen vor dem Hauptbahnhof in Münster einzufinden. Meine lange gehegte Hoffnung, dass der Krieg beendet sein würde, bevor man mich zu den Waffen rufen werde, hatte sich nicht erfüllt.

Diese Hoffnung war indes nicht unbegründet gewesen. Die Westfront war längst ins Schwanken geraten und der Vormarsch der Alliierten unaufhaltsam geworden. Am 3. September 1944 war Lyon gefallen, die an der Biskayafront eingesetzte 1. Armee zum größten Teil in Gefangenschaft geraten, und Hitler selbst hatte damals schon den Befehl zum allgemeinen Rückzug gegeben, in der Hoffnung, eine neue Front auf französischem Boden aufrichten und die vordringenden Amerikaner in der Flanke fassen zu können. Aber diese Pläne wurden durch den schnellen Vormarsch der Alliierten, deren Luftüberlegenheit nicht mehr zu brechen war, zunichte. Schon im September hatten sie Verdun, Nancy, Brüssel, Antwerpen und Nimwegen eingenommen, am 21. Oktober ging Aachen verloren, am 23. November Straßburg. Am 16. Dezember hatte die Ardennenoffensive zwischen Monschau und Echternach begonnen; und die Alliierten drängten die UdSSR, sie durch ihre von Osten her vorbereitete Offensive zu unterstützen. Aber die Rote Armee zögerte ihre Offensive noch hinaus. Dennoch, der Krieg war endgültig verloren, wurde aber auf Befehl Hitlers um so verbissener fortgesetzt, und zwar unter Einsatz der letzten Reserven menschlichen Materials. Schon am 18. Oktober 1944 waren alle waffenfähigen Männer zwischen 16 und 60 Jahren zum „Deutschen Volkssturm" aufgerufen und unter die Führung der Gauleiter gestellt worden.

Am 5. Januar 1945 um 22 Uhr mussten wir uns zum Sammeltransport am Hauptbahnhof in Münster einfinden. Wir wurden in einen bereitstehenden Eisenbahnzug, dessen Waggons mit Holzbänken ausgestattet waren, verfrachtet. Ohne dass man uns das Ziel des Transports mitteilte. Mit banger Sorge blickten wir zu den Fenstern hinaus ins Dunkle und suchten während der ununterbrochenen Fahrt die Namen der Stationen auf den schnell vorübergleitenden Bahnsteigen zu erhaschen, um dort abzulesen, ob es gen Norden, Osten, Süden oder Westen ging. Irgendwann in der Nacht, als wir durch Berlin fuhren, war uns allen klar, dass wir an die Ostfront geschickt wurden, um dem Ansturm der Roten Armee entgegengestellt zu werden. Als der Tag graute, durchfuhr der Zug eine unabsehbare Winterlandschaft, die unter frostiger Schnee- und Eisdecke lag, und ein Schaudern vor ungewisser grausiger Zukunft mit Kampf, Blut und Tod oder qualvoller Gefangenschaft in Hunger und Kälte durchlief uns alle. Wir waren – im doppelten Sinne des Wortes – Schlachtmaterial eines skrupellosen Diktators und brutalen Menschenverächters, hilflos ausgeliefert seinem diabolischen Vernichtungswillen.

Irgendwann, ob bei Tage oder Nacht, ich weiß es nicht mehr, hatten wir das Ziel unseres Transports erreicht; es war Turek, ein kleiner Ort, etwa 40 Kilometer nordwestlich von Litzmannstadt, dem heutigen Lodz, gelegen. Nicht weit davon östlich verlief damals schon die Front, Lodz aber war noch in deutscher Hand. Wir wurden in die graubraune Uniform der Arbeitsmänner, mit der Hakenkreuzbinde am Arm, eingekleidet, und hatten bei eisiger Kälte tagsüber Exerzierdienst mit dem Karabiner zu tun, erhielten Instruktionsstunden, an deren Inhalt ich mich nicht mehr erinnere, und wurden durch Schießübungen mit der Waffe ausgebildet. Außerdem hielt man für uns Panzerfäuste bereit, um uns gegen einen zu erwartenden sowjetischen Panzerangriff einsetzen zu können. Über den Einsatz dieser Waffe wurden wir nur instruiert, nicht aber an ihr ausgebildet. Man sagte uns nur warnend, dass sie beim Abschuss wegen des starken Rückschlages den Mann, der sie abfeuere, umwerfen könne.

Ich erinnere mich, dass wir nachts mehrfach barsch aus dem Schlaf gerissen, im Schlafanzug, eine Waschschüssel in den Händen, auf den Appellplatz befohlen wurden und dort in Reihenaufstellung exerzieren mussten, schlotternd vor Kälte, aber schließlich erwärmt beim Ausführen der Kommandos: „Sprung auf, marsch, marsch! Hinlegen! Sprung auf, marsch, marsch!", dabei immer die kalte blecherne Waschschüssel in Händen.

Reichsarbeitsdienstlager bei Lodz

Zuweilen gab es Freizeit und Ausgang. Ich weiß noch, wie ich einmal durch die Straßen von Turek oder Lodz ging und dabei mit Bestürzung erfuhr, dass alle Polen, die mir begegneten, auch ältere und gebrechliche Menschen, vor mir auszuweichen und den Bürgersteig, in devoter Haltung mich als Uniformierten grüßend, zu verlassen hatten, um ihn dann nach meinem Vorübergehen wieder betreten zu dürfen. Zum ersten Mal überfiel mich eine tiefe Scham, ein Deutscher zu sein, ein Angehöriger jenes Volkes, das ein anderes auf menschenverachtende Weise unterjochte.

Eines Tages hörten wir den bedrohlichen Artilleriedonner der herannahenden Front. Da entschloss ich mich zu einem äußersten Mittel, einem lebensgefährlichen Wagnis. In einer der nächsten Instruktionsstunden, während der wir in Reihen auf lehnenlosen Bänken saßen, suggerierte ich mir einen Ohnmachtsanfall und ließ mich schlaff hintenüber auf den Boden fallen, dort wie leblos liegenbleibend.

An die Einzelheiten der Reaktionen des Instrukteurs und der Kameraden erinnere ich mich nicht, weiß nur noch, dass man den vermeintlich Bewusstlosen hinaustrug und auf sein Feldbett legte, wo er erst allmählich wieder zu sich kam, bevor der herbeigerufene Feldarzt zur Stelle war. Der untersuchte und befragte mich, doch wusste ich ihm keinerlei Auskunft zu geben und spielte meine Rolle konsequent durch. Man verlegte mich zunächst ins Krankenrevier.

Kurz darauf kam der Befehl, die gesamte Mannschaft des Arbeitslagers auf Lastwagen zu verfrachten und an einen strategisch wichtigen Punkt weiter westlich zu transportieren, nämlich zum Brückenkopf bei Steinau an der Oder.

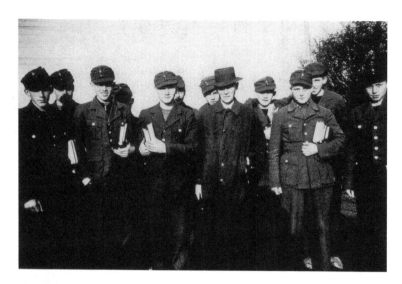

Zum Batteriefest der Flakbatterie am Königsweg verkleidete sich der Verfasser als „Moses" (Spitzname eines Lehrers). – Das erste Foto zeigt den echten „Moses" inmitten seiner Schüler, das andere die Imitation. Perücke, Kneifer und Teile der Kostümierung entlieh der „Theaterfriseur" des Stadttheaters Münster.

Als wir dort angelangt waren und in Einzeltrupps aufgeteilt werden sollten, verwies ich darauf, dass ich aus dem Krankenrevier abtransportiert worden war, wurde nun aber einem andern Feldarzt vorgestellt, der mich für einsatzfähig erklärte. Hartnäckig berief ich mich auf den Befund des Feldarztes in Turek und auf meinen geschwächten Zustand, machte den Feldarzt auf seine Verantwortung aufmerksam, die er allein zu vertreten habe, falls ich krankheitsbedingt im Einsatz versagen und damit ungewollt andere Kameraden und die Verteidigung gefährden sollte, und brachte ihn schließlich dazu, mich für nicht einsatzfähig zu erklären. Ich bin heute noch darüber verwundert, dass es mir gelang, ihn schließlich umzustimmen, so dass er mich zusammen mit einem andern Kranken – es war Friedhelm Jasser aus dem Siegerland – einem Feldmeister zuordnete, der den Befehl erhielt, uns über die Oder nach Westen zu bringen. Dieser Feldmeister führte ein Fahrrad mit sich, auf dem er die beiden nur beschränkt marschfähigen Kranken abwechselnd nebenher fahren lassen sollte. Auf den Gepäckträger des Fahrrads war ein Affen, das heißt ein fellüberzogener Militärrucksack, mit Decken geschnallt.

Mit welchem Ziel der Marschbefehl ausgestellt worden war, erfuhren wir nicht, jedenfalls bewegten wir uns auf der nach Liegnitz führenden Straße.

Die Flucht vor der sowjetischen Offensive

Am 12. Januar hatten die Sowjets ihre Offensive bei Baranow (südlich Warschau) begonnen, mit der sie die deutsche Mittelfront aufbrachen. Am 19. Januar fiel Lodz, am 25. Januar der Brückenkopf bei Steinau, und die meisten meiner Kameraden, Jungen im Alter von 16 und 17 Jahren, wurden reihenweise im Hagel der russischen Geschütze und Panzerkanonen dahingemäht. Vermutlich wäre ich damals mit ihnen umgekommen, wenn es mir nicht gelungen wäre, den Feldarzt umzustimmen.

Inzwischen begann die Bevölkerung vor den anrückenden Sowjets zu fliehen. Mehr und mehr waren die Straßen verstopft von den Trecks der Flüchtenden, die auf Pferdewagen sich selbst und einen Teil ihrer Habe nach Westen zu retten suchten. Das Elend, die Not und Verzweiflung dieser Menschen stehen mir in unauslöschlicher Erinnerung. Bei schneidender Kälte schwankten sie zwischen der Hoffnung auf Rettung und der Furcht, von den sowjetischen Panzern eingeholt und überrollt zu werden.

Mühsam bewegten wir uns an den endlosen Trecks entlang weiter auf der Straße nach Liegnitz, abwechselnd das Fahrrad des Feldmeisters benutzend, während er zu Fuß neben uns her marschierte. In dem allgemeinen Wirrwarr entdeckte ich in einem Straßengraben ein liegengebliebenes herrenloses Fahrrad, so dass nun beide Kranken im Marschtempo neben dem Feldmeister herfahren konnten. Hin und wieder fuhren wir auch mit seiner Erlaubnis ein Stück voraus, hatten jedoch in Sichtweite zu ihm zu bleiben. Wir wussten jedoch den Abstand nach und nach zu vergrößern. Als er schließlich nach langem Marsch ermüdet schien, riskierten wir, uns bei diesigem Wetter im Durcheinander des Flüchtlingsgewühls aus seiner Sichtweite zu entfernen, traten dann kräftig in die Pedalen und setzten uns in möglichst schneller Fahrt von ihm ab. Im nächsten Ort fanden wir Nachtquartier bei freundlichen schlesischen Leuten und genossen seit langer Zeit zum ersten Mal wieder ein weiches, wärmendes Bett. Überhaupt habe ich aus jenen Tagen der Flucht die Schlesier mit ihrer Gastfreundschaft und ihrer Freigebigkeit in bester Erinnerung. Sie selber, im Begriff, Haus und Heimat zu verlassen, bewirteten uns auf das Freundlichste. Manche von ihnen waren unschlüssig, ob sie daheim bleiben und den Einmarsch der Sowjets erwarten oder vor ihnen entfliehen sollten.

Als wir auf unserer weiteren Fahrt hungrig wurden, öffneten wir den Affen des Feldmeisters und fanden darin reichlich Proviant. Ich erinnere mich an verschiedene glänzend-weiße Speckseiten.

Unsere geglückte Flucht aus der Aufsicht des Feldmeisters war Fahnenflucht, war Desertion. Wir waren entschlossen, sie zu Ende zu führen und die Heimat zu erreichen und fassten nun einen neuen Plan. Es kam darauf an, einen der überfüllten Flüchtlingszüge, die nach Westen gingen, zu besteigen. Dann waren wir jedenfalls zunächst aus dem Inferno des Kriegsgeschehens gerettet, mochte folgen, was wollte. Aber es stellte sich als unmöglich heraus, in einen der mit Menschen vollgepressten Waggons zu gelangen. Selbst auf den außen an den Wagen verlaufenden Trittbrettern standen die Menschen eng zusammengedrängt. Es fand sich kein freier Platz mehr. So fuhren sie bei vierzehn Grad Kälte und schneidendem Gegenwind, sich mit klammen, erstarrenden Händen mühsam und angstvoll festhaltend, in eine ungewisse Zukunft. Auch die Güterzüge, die zum Transport der Flüchtlinge eingesetzt wurden, offene wie geschlossene Waggons, waren so randvoll besetzt, dass es unmöglich war, dort auch nur den geringsten Platz zu finden. In dieser Ausweglosigkeit kam mir ein rettender Gedanke. Einer der Güterzüge führte einen offenen Wagen mit sich, auf dem ein Funkmessgerät stand. Ich forderte meinen Kameraden auf, mit mir diesen Wagen zu besteigen. Wir setzten uns neben das FMG, so dass man uns für die dazugehörige Bewachung halten konnte. Zwei Wolldecken und den restlichen Proviant aus dem Affen des Feldmeisters nahmen wir mit, ließen die Fahrräder auf dem Bahnsteig stehen und hüllten uns bis zu den Hüften in die wärmenden Decken.

Während nach dem Scheitern von Hitlers Angriffskriegen deutsche Soldaten zur „Verteidigung des Vaterlandes" an den Fronten verbluteten, wurden fast pausenlos die Luftangriffe der Alliierten gegen deutsche Städte geflogen. Das Foto aus dem Nachlass von Dieter Schepper, einem Vetter des Verfassers, zeigt die Ecke Prinzipalmarkt-Salzstraße in Münster unmittelbar nach einem Brandbombenangriff. Fotograf leider unbekannt.

14 Stunden bei 14 Grad minus auf dem Güterwagen

Die Fahrt ging sehr langsam vonstatten, oft hielt der Zug, durch Signale gebremst, längere Zeit an; denn die Strecke war blockiert von Flüchtlingstransporten. Besonders heikel wurde der Aufenthalt des Zuges auf dem Bahnhof von Liegnitz; denn jederzeit konnten wir von einer Militär- oder SS-Streife aufgegriffen, als Fahnenflüchtige erkannt und standrechtlich abgeurteilt werden. Es ging gut, aber als der Zug nach vierzehnstündiger Fahrt im Bahnhof von Sagan hielt, waren meine Kräfte erschöpft, zumal ich dem vor Kälte schnatternden und jammernden kranken Kameraden längst meine Wolldecke abgetreten hatte. Ich spürte die Beine nicht mehr bis zu den Knien, sie waren von der grausamen Kälte wie abgestorben. So ließ ich mich, um nicht dem völligen Erfrieren ausgesetzt zu werden, gegen den Protest meines Kameraden auf den Bahnsteig fallen und hatte Mühe, dort auf die Beine zu kommen. Widerwillig und ängstlich verließ auch er den Zug.

Wie es uns gelingen konnte, im allgemeinen Menschengedränge unbehelligt durch die Sperre und die Militärkontrolle zu kommen, scheint mir heute noch nach so vielen Jahren an ein Wunder zu grenzen. Wir suchten den Wartesaal auf, um uns zu erwärmen und von dem wenigen Geld, das wir bei uns hatten, eine warme Suppe zu bestellen. Danach blieben mir noch zwei Reichspfennige im Portemonnaie übrig. Meine Füße begannen plötzlich zu schmerzen.

Als ich in meiner Verzweiflung den Zug verlassen hatte, war mir alles gleichgültig geworden; selbst das Todesurteil durch ein Standgericht, mit dem ich als Deserteur rechnen musste, wollte ich eher riskieren als die Gefahr des Erfrierungstodes bei der Weiterfahrt durch die unerträgliche Kälte. Nachdem wir uns im warmen Wartesaal bei einer kräftigen Suppe gestärkt und neuen Mut gefasst hatten, stellte sich die Frage, wie es nun weitergehen solle. Zunächst kam es darauf an, unbehelligt durch die Sperre und die Wache wieder auf den Bahnsteig zu gelangen. Die Sperre konnten wir als Uniformierte im unübersichtlichen Menschengewühl ungehindert passieren; aber hinter der Sperre standen Wachhabende, die uns anhielten und in einen seitwärts gelegenen Raum wiesen, wo jeder Uniformierte auf seinen Marschbefehl hin kontrolliert wurde. Hier kam es darauf an, in einem unbewachten Augenblick zu entweichen, unbemerkt von den an Tischen sitzenden Kontrollierenden und von den vor diesem Raum aufgestellten Wachen. Wir warteten ab, beobachteten Überprüfungs- und Wachpersonal, und als der Augenblick günstig war, verließen wir, als hätten wir die Kontrolle passiert, hinter dem Rücken der Wache den Raum und gelangten zu den Bahnsteigen.

Jetzt galt es, einen Zug zu finden, der uns weiter nach Westen bringen würde. Der nächste planmäßige fuhr nach Leipzig. Obwohl auch er überfüllt war, konnten wir uns noch knapp hineindrängen und hielten uns möglichst in der Nähe des Aborts auf, um bei möglichen Zugkontrollen rechtzeitig darin verschwinden zu können. Zwar nahm das Eisenbahnpersonal in den überfüllten Flüchtlingszügen keine Kontrolle vor, hätte sich auch kaum noch durchzwängen können, aber es gab immer wieder Kontrollen durch Militär- und vor allem SS-Angehörige, deren Aufgabe es war, Uniformierte auf ihren Marschbefehl hin zu überprüfen und Fahnenflüchtige zu verhaften. Ich weiß nicht mehr, wie oft wir in der Zugtoilette verschwinden und dort hinter Schloss und Riegel Zuflucht suchen mussten, erinnere mich nur, dass uns die Fahrt unendlich lang erschien.

Rainer Schepper als Luftwaffenhelfer und in Zivil zu Besuch bei Augustin Wibbelt im Jahre 1944.

RAD-Krankenhaus in Clarholz und Marschbefehl

In Leipzig bekamen wir Anschluss nach Hannover, wo wir spät abends oder in der Nacht anlangten, und wo sich unsere Wege trennten. Ich nahm einen Zug nach Osnabrück und fuhr von dort über Münster nach Warendorf, wo meine Mutter und mein Bruder damals als Evakuierte lebten. Als ich zu Hause Schuhe und Socken auszog, sah ich, dass meine Füße angefroren und an einigen Stellen vom Frost geschwärzt waren. Nach einem warmen Fußbad schwollen sie in kurzer Zeit so stark an, dass es unmöglich war, wieder in die Schuhe hineinzukommen. Noch am selben Tag meldete ich mich in Pantoffeln beim Wehrmeldeamt in Warendorf als Versprengter. Man machte große Augen und wies darauf hin, daß ich mich gleich im Osten hätte melden müssen. Ich stellte mich dumm, erklärte, ich sei von meinem Truppenteil abgekommen, habe nicht gewusst, wer zuständig sei und sei deshalb auf dem schnellsten Wege zu meinem heimatlichen Wehrmeldeamt gefahren. Dann schilderte ich möglichst anschaulich den Flüchtlingswirrwarr und das Flüchtlingselend, das ich erlebt hatte, und löste damit Erstaunen und Erschrecken aus.

Kurz darauf wies man mich wegen meiner angefrorenen Füße in das RAD-Krankenhaus in Clarholz ein, für das man die dortige Volksschule requiriert hatte. Da aber alle Reichsarbeitsdiensteinheiten an die Front kommandiert waren, stand das Krankenhaus leer. Aus den Klassenräumen waren Bettensäle geworden, und ich hatte als einziger Patient einen Stab von Ärzten und Sanitätern um mich her, die darauf bedacht waren, meine Erfrierungen zu heilen und meine Truppeneinheit ausfindig zu machen. Mehrere Wochen, von Ende Januar bis etwa Anfang März, erholte ich mich in Clarholz, spazierte bei trockenem Wetter in Pantoffeln durch das Dorf, etwa zum Friseur, und wurde überfürsorglich betreut von einer unter dem Dach der Schule wohnenden alleinstehenden Lehrerin, die mich in so überschwänglicher Weise bemutterte und mit ländlichlukullischen Köstlichkeiten verwöhnte, dass Martha von Bethanien aus dem Evangelium des Lukas vor Neid hätte erblassen können. Es war Fräulein Hölter; die Lehrerinnen rechneten es sich damals noch zur Ehre an, mit „Fräulein" angeredet zu werden.

Die alte Schule in Clarholz

Eines Tages waren meine Erfrierungen dank feldärztlicher Kunst ausgeheilt; man hatte inzwischen auch meine Einheit ausgemacht, die nicht etwa, wie ich vermutete, im Brückenkopf von Steinau gänzlich aufgerieben, sondern mit der übriggebliebenen Mannschaft nach Regensburg verlegt worden war. Dorthin erhielt ich einen Marschbefehl; aber ich wusste auch, dass ich dort nie ankommen durfte, wenn ich nicht riskieren wollte, als Deserteur standrechtlich erschossen zu werden. Wieder vertraute ich auf den baldigen Zusammenbruch der Fronten und auf das nahe Ende des Krieges. So fuhr ich zunächst nach Warendorf, um mich von Mutter und Bruder zu verabschieden, dann nach Vorhelm zu Augustin Wibbelt, dem ich ausführlich von meiner abenteuerlichen Flucht aus dem Osten erzählte. In der Tagebuchaufzeichnung des Besuches vom 2. März 1945 ist die Rede von der furchtbaren Flucht verängstigter und gehetzter Menschen, die Hab und Gut im Stich lassen mussten und oft noch im verwirrenden Gedränge der rückwärts flutenden Menschenmassen einander verloren. – Von Warendorf aus, wohin ich noch einmal zurückkehrte, fuhr ich dann, mit dem Marschbefehl nach Regensburg in der Tasche, zunächst nach Gladbeck-Zweckel zu meiner Tante Tine Schulte-Lippern, Schwester meiner Mutter, und gedachte dort nach Möglichkeit bis zum Ende des Krieges unterzutauchen. Da aber hatte ich die Rechnung ohne den Wirt – oder eigentlich die besorgte Wirtin – gemacht. Im Doppelhaus, gleich nebenan am Grünen Weg in Zweckel, wohnte das Ehepaar Riemer, deren Sohn, gleichaltrig mit mir, im Kriege, wohlmöglich an der Front, stand, und meine Tante befürchtete, falls ich bei ihr bleiben sollte, eine mögliche Denunziation. Da kam mir die Idee, nach jedem Bombenangriff, wie sie damals fast pausenlos auf das rheinisch-westfälische Industriegebiet niederprasselten, diejenigen Bahnhöfe aufzusuchen, deren zu- und abführende Gleisstränge durch Luftangriffe unterbrochen waren, um mir die Unmöglichkeit der Weiterfahrt bescheinigen zu lassen. Der Fahrschein in DIN A 4 – Format enthielt die dafür vorgesehenen Felder.

Lehrerin Mathilde Hölter

Ich weiß nicht, wie lange ich bei meiner Tante blieb, weiß nur, dass sich mein Marschbefehl immer mehr mit Weiterfahrtsunmöglichkeitsvermerken füllte und das gute Herz meiner Tante mit Angst und Nöten bis sie mich eines Tages dazu überredete, mich zur Weiterfahrt zu entschließen. So fuhr ich Richtung Kassel, machte jedoch die nächste Station bei einer Jugendfreundin in Helmarshausen, der damals noch munteren, inzwischen längst an einem Krebsleiden verstorbenen Ursel Wurm, wo ich wahrscheinlich zwei Tage blieb. Auch dort in der Gegend waren bahnamtliche Vermerke zu bekommen, und so wagte ich noch einen weiteren Abstecher nach Peckelsheim, wo ich einen Tag und eine Nacht bei Verwandten, der Familie von Spiegel zu Peckelsheim, verlebte.

Standgericht in Kassel und Strafkommando

Das nächste Ziel meiner zögerlichen Reise war Kassel, aber im Zug dorthin, etwa bei Hofgeismar, wurde ich von den sogenannten Kettenhunden, einer mit Brustkettenschild geschmückten SS-Streife, aufgegriffen, festgenommen und in Kassel dem Standgericht vorgeführt. Ich berief mich auf meinen mit bahnamtlichen Vermerken gespickten Marschbefehl-Fahrschein, der die lückenlose Odyssee meiner immer wieder von Bombenangriffen unterbrochenen Fahrt auswies, allein man wollte mir nicht glauben. Ich blieb unbeirrt bei meinen Behauptungen, die schwarz auf weiß nachgewiesen waren, so dass man schließlich nachgab und mich mit einem sogenannten Strafkommando nach Frankfurt am Main schickte, damit ich dort zur Verteidigung der Stadt eingesetzt werden könne. Unter strenger Bewachung wurde die Bahnfahrt angetreten. Einen vollen Tag musste der Zug im Schlüchterner Tunnel stehen, um nicht von Tieffliegern beschossen oder von Kampfflugzeugen bombardiert zu werden.

Es war der 23. März 1945, mein 18. Geburtstag, als wir in Frankfurt ankamen und in Kolonne zu einer am Rande der Stadt liegenden Kaserne marschierten. In dieser Auffangkaserne ging es chaotisch zu. Die Betten waren sämtlich belegt, und wir mussten in den damals warmen Märznächten draußen auf dem Rasen kampieren. Die Kaserne war von Militär besetzt und wurde von Offizieren der Wehrmacht befehligt, und den jungen, an keiner Waffe ausgebildeten Reichsarbeitsdienstler nahm man nicht ganz ernst als wehrfähigen Verteidiger der Stadt. Im übrigen bestand bei den Offizieren wenig Neigung, letzte Einsätze zu leisten und die eigene Haut für den aussichtslosen „Endsieg" hinzuhalten.

Die Luftangriffe häuften sich, und bei jedem Alarm erhielten wir Befehl, das Kasernenterrain zu verlassen und uns in den umliegenden Wäldchen und Gebüschen zu zerstreuen und dort „volle Deckung" zu suchen. Die sogenannte Moral der Truppe war eine sich mehr und mehr demoralisierende. Ich erinnere mich eines Landsers, der sich so stark unter Alkohol gesetzt hatte, dass er wie tot, mit glasigen Augen in die Luft starrend und am ganzen Körper blau und aufgedunsen rücklings auf dem Rasen lag. Niemand kümmerte sich darum.

Als wir nach einem dieser sich ständig vermehrenden Fliegeralarme zur Kaserne zurückkehrten, versammelte uns der befehlshabende Offizier um sich her und machte uns etwa folgende Mitteilung: „Jungs, Frankfurt ist von den feindlichen Truppen eingekesselt, jede weitere Verteidigung nutzlos. Beim nächsten Alarm verschwindet, und seht zu, dass ihr heil nach Hause kommt." Diesem einsichtigen und mutigen Mann verdanken wahrscheinlich viele Landser ihre Rettung.

Beim nächsten Luftalarm, der nicht lange auf sich warten ließ, fasste ich mir ein Herz, fischte mir aus der Stallung eines kleinen bäuerlichen Anwesens, in dem sich kein Mensch befand, die an einem Nagel hängende verschmutzte Arbeitskleidung eines Knechtes oder Landarbeiters, Jacke, Hose und Hut, zog meine Uniform aus, warf sie samt Wehrpass in eine Jauchegrube, schlüpfte in die verschmutzten Kleidungsstücke und ging stadteinwärts, um vor dem stärker werdenden Artilleriebeschuss Schutz in einem Straßenbunker zu suchen. Ich fand auch einen, der für die betreffende Straßengemeinschaft als Erdbunker erbaut war, setzte mich zu den Leuten und bedachte nicht, dass ich als Unbekannter, dazu noch in dieser verdächtigen abgerissenen Kleidung, bei ihnen Aufsehen erregen musste. Wie hätte ich als Deserteur leichter auffallen können!

So dauerte es auch nicht lange, bis ein Mann auf mich zukam, der sich als der zuständige Ortsgruppenleiter vorstellte und von mir verlangte, ich solle mich ausweisen. Er vermutete auf Grund meiner Kleidung und meines Alters, ich sei von meiner Truppe desertiert. Da ich keinerlei Ausweispapiere mehr bei mir hatte, erfand ich im Nu eine Phantasiegeschichte. Ich wusste, dass vor wenigen Tagen Hanau bei Nacht überraschend kurz nach Einsetzen des Fliegeralarms bombardiert worden war und sich viele Menschen nicht mehr rechtzeitig in die Luftschutzkeller retten konnten. Und da ich meine Cousine in Kassel hatte besuchen wollen, ich im übrigen noch bei der vorletzten Musterung vom Wehrdienst zurückgestellt worden war, teilte ich dem Mann mit, ich sei kein Angehöriger der Wehrmacht, sondern vom Wehrdienst zurückgestellt, habe mich in Hanau zu Besuch aufgehalten, wo wir in der Nacht plötzlich vom Alarm und gleich danach einsetzenden Bombenangriff überrascht worden und, ohne uns ankleiden zu können, in den Luftschutzkeller geflüchtet seien, worauf dann das Haus von einer Bombe getroffen worden sei. Daraufhin habe ich mir diese abgetragene Kleidung besorgen können, mit der ich mich nun bis zu meiner Rückkehr nach Hause behelfen müsse. – Kleidung gab es damals nur auf Bezugsschein zu kaufen.

Der Mann glaubte meinen Aussagen nicht, sondern insistierte weiter. Die Sache wurde immer peinlicher und brenzliger, je mehr Leute auf das Gespräch aufmerksam geworden waren. Da kam mir wieder ein rettender Gedanke. Ich bat den Ortsgruppenleiter, mit mir hinauszugehen, da ich ihm eine wichtige Mitteilung zu machen hätte. Er willigte ein und ging mit mir vor den Ausgang des Erdbunkers. Wir standen auf der Straße, und die Granaten der amerikanischen Artillerie schlugen in die Stadt ein. Da fuhr ich ihn barsch an: „Was fällt Ihnen eigentlich ein? Was berechtigt Sie, hier die Leute zu verunsichern? Selbstverständlich bin ich Soldat! Selbstverständlich habe ich meine Uniform abgeworfen. Selbstverständlich habe ich mir diese abgerissene Zivilkleidung besorgt. Wissen Sie nicht, dass Frankfurt eingekesselt ist und hier jede Verteidigung nutzlos? Wir haben Befehl, die Uniform wegzuwerfen und uns in Zivil durch die feindlichen Linien zu den deutschen Truppen unerkannt durchzuschlagen, um wieder zur Verteidigung des Vaterlandes zur Verfügung zu stehen. Und Sie zersetzen durch Ihre überflüssigen Fragen bei den Leuten die moralische Wehrkraft! Ich werde Sie anzeigen!" – Er wurde kleinlaut und entschuldigte sich, das habe er nicht gewusst. Ich fuhr ihn an: „Nicht gewusst? Sie als Ortsgruppenleiter sollten so etwas aber wissen! Ich will von der Anzeige absehen, wenn Sie mir sagen, in welcher Richtung ich mich durchschlagen kann, um möglichst bald wieder deutsche Truppen östlich von Frankfurt zu erreichen."

Unter vielen Entschuldigungen wies er mir die entsprechende Richtung mit einigermaßen genauer Wegbeschreibung, worauf ich ihm kurz und knapp antwortete: „Danke! Heil Hitler"" – Auch er hob die Hand zum deutschen Gruß und verabschiedete mich mit einem erleichterten „Heil Hitler!"

Frankfurt am Main wird eingezingelt und besetzt

Was nun tun? Eines wusste ich: die entgegengesetzte der angegebenen Richtung war die richtige. So durchstreifte ich weiter ratlos die Stadt, vor dem Artilleriebeschuss möglichst nahe an den Häuserwänden Schutz suchend, bis ich einen Hochbunker fand, in dem ich mich in eine der dunkelsten Ecken setzte. Nach langen Stunden wurde ich von wohlwollenden Leuten dezent darauf hingewiesen, dass man mich beobachte, und dass ich vorsichtig sein solle. Auch hier war also meines Bleibens nicht.

Der folgende Tag war der Gründonnerstag, der 29. März. Ich suchte die nächstgelegene katholische Kirche auf, nahm an der Messfeier teil. Am Ende des Gottesdienstes trat ich an einen mir vertrauenswürdig erscheinenden Mann heran, schilderte ihm kurz und bündig meine Lage, sagte ihm, dass ich aus Münster stamme, der Bischofsstadt des Clemens August Graf von Galen, des damals bei allen Katholiken Deutschlands bekannten Predigers gegen Euthanasie und Klosterenteignungen, und fragte den Unbekannten, ob er bereit sei, mich bis zur Besetzung der Stadt durch die Amerikaner bei sich in der Wohnung zu verstecken. Der Mann war sofort bereit, bat mich jedoch, ihm in unverdächtigem Abstand unauffällig zu folgen. Er habe früher Juden, die zum Abtransport durch die Stadt geführt worden seien, Lebensmittel zugesteckt und sei deswegen beinahe ins KZ gekommen. Er möchte nicht noch einmal in ähnliche Verlegenheit geraten. Ich entsprach seinem Wunsch und wurde von ihm und seiner Frau herzlich aufgenommen.

Die Besetzung Frankfurts ging dann schnell und kampflos vonstatten. Noch am selben oder am folgenden Tag zogen die amerikanischen Truppen ein, und am Tag darauf half ich dem hilfreichen Ehepaar den Bollerwagen ziehen nach freigegebener Plünderung eines militärischen Lebensmittellagers. Schon am 31. März nahm ich Abschied von den Eheleuten Gräff, die mir Proviant mitgaben, ihn in einen Pappkarton verschnürten, den ich an Bindfäden über die Schulter trug, ein kleines grünes Lackköfferchen, das die Wirren der Flucht überstanden hatte, an der Hand. Außerdem war die alte Stalljacke gegen einen mir allerdings viel zu weiten dunkelblauen Rock – wie man das damals nannte – eingetauscht worden. Die frommen Leute gaben mir außerdem noch ein Fläschchen Lourdes-Wasser mit als Schutz gegen alle Gefahren auf dem Heimweg, den ich nun zu Fuß antreten wollte.

Die Stationen meiner dreiwöchigen Wanderung in die Heimat habe ich nach meiner Heimkehr aufgezeichnet, diese Notizen jedoch später leider irgendwann weggeworfen. So bin ich bei der Schilderung meiner Heimreise auf die fragmentarisch erhalten gebliebenen Erinnerungen angewiesen. Am Abend des ersten Wandertages fand ich Unterkommen bei der Fürsorgerin Fink in Hattersheim. Von ihr gibt es noch ein Foto in einem meiner alten Alben. Sie schenkte mir eine allerdings viel zu kurze graue Hose aus dem Nachlass eines verstorbenen Konrektors, so dass ich nun in ordentlicher, wenn auch nicht gerade maßgerechter Kleidung meinen Weg fortsetzen konnte: in einer viel zu weiten, schlotternden, aber guterhaltenen dunkelblauen Jacke und einer hellgrauen Hose mit „Hochwasser". Auch nagelneue Halbschuhe gab sie mir mit, damit ich mich der Arbeitsdienstschuhe entledigen konnte, aber, obwohl diese braunen Halbschuhe passten und gut aussahen, lief ich mir doch bald Blasen darin und musste wieder die bewährten Marschierschuhe des Arbeitsdienstes tragen.

Heimreise zu Fuß über Wiesbaden, Mainz und Rüdesheim

Ich hatte mich entschlossen, meinen Heimweg am Rhein entlang zu nehmen, zumal damals noch das Gebiet nördlich von Frankfurt in deutscher Hand war. So kam ich durch Wiesbaden und übernachtete am zweiten Abend in einem Vorort von Mainz. Die freundlichen Gastgeber sind mir nicht in Erinnerung geblieben. Der Weg führte weiter an Eltville vorbei über Rüdesheim und Assmannshausen. Ich habe den Rhein erlebt wie etwa die Romantiker, als sie ihn erwanderten und besangen. Kein Schiff fuhr, keine Bahn, kein Auto. Nur amerikanische Kriegsfahrzeuge und Militärtransporte belebten hin und wieder die Straßen; dann war wieder alles still, und der Rhein floss lautlos und ruhig zwischen den Bergen dahin. Meine Wanderung wurde andauernd von gutem Wetter begünstigt; ich erinnere mich an keinen Regentag. Aber es ging keineswegs immer glatt ab. Die erste gefährliche Situation ergab sich auf einsamer Rheinstraße kurz hinter Assmannshausen, als mir plötzlich mehrere soeben freigewordene polnische Kriegsgefangene hasserfüllt entgegentraten: „Du SS!" Meine Erwiderung, dass ich zu jung und vom Wehrdienst zurückgestellt gewesen sei, fand keinen Glauben. Sie blieben dabei: „Du SS!" und wollten mich tätlich angreifen. Was mögen diese armen Menschen von ihren SS-Peinigern zu ertragen gehabt haben. Sie machten Miene, mich zu lynchen und mich wohlmöglich in den Rhein zu werfen. Zeugen waren nirgend in der Nähe. Da rollte plötzlich ein Konvoi mit amerikanischen Negertruppen von Norden her über die Straße heran. Die Polen stellten sich an den Straßenrand und jubelten ihnen zu. Und ich stellte mich neben sie und jubelte nach Kräften mit, während die Neger ihre Mützen schwenkten, winkten und vorüberfuhren. Plötzlich waren nun meine polnischen Feinde zu Freunden geworden; sie schüttelten mir die Hand, offensichtlich davon überzeugt, dass ich kein SS-Mann sein könne, da ich den Negertruppen zusammen mit ihnen zugejubelt hatte. Ich bot ihnen von meinen Zigaretten an, die ich bei der Frankfurter Depotplünderung mitgenommen hatte; sie aber lehnten bescheiden ab in der Meinung, es seien meine letzten. Erst als ich ihnen versicherte, dass sich im Karton auf meinem Rücken noch gute Vorräte befänden, griffen sie dankbar zu, und wir schieden wie gute Freunde. Der Sicherheit halber wandte ich mich am Abend, wenn ich ein Nachtquartier benötigte, an den katholischen Pfarrer des jeweiligen Ortes und machte dabei die unterschiedlichsten Erfahrungen: von freundlicher, liebenswürdiger Aufnahme und herzlicher Gastfreundschaft bis zu herber, ja barscher Abweisung. Unvergesslich ist mir die Einkehr im Pfarrhaus zu Sankt Goarshausen; wenn ich nicht irre, beim Pfarrer Bernhardt. Er kümmerte sich darum, dass meine mit Blasen wundgelaufenen Füße versorgt wurden, schenkte mir ein Paar weicher heller Wollsocken und einen heiteren Plauderabend bei gutem rheinischen Wein. Dabei waren auch der Bischof Clemens August von Galen und Augustin Wibbelt, damals noch im ganzen katholischen Deutschland als Volksschriftsteller bekannt, Gegenstand des Gespräches. Ich trug Wibbelts Briefe, die er mir bis dahin geschrieben hatte, als kostbaren Schatz bei mir und las dem Pfarrer daraus vor.

Am folgenden Morgen ging es auf wunden Füßen weiter ins Ungewisse, angewiesen auf Verständnis und Gastfreundschaft fremder Menschen; denn Hotels und Gasthöfe oder Herbergen waren damals sämtlich geschlossen, abgesehen davon, dass ich dort keine Übernachtung hätte bezahlen können.

Begegnung mit Konrad Adenauer in Rhöndorf

Meine Wanderung war nicht ganz ungefährlich, weil sich niemand gemäß Verfügung der Militärregierung von seinem Wohnort weiter als drei Kilometer entfernen durfte. Ich aber war ohne Ausweis unterwegs, konnte keinen Wohnort nachweisen und musste ständig damit rechnen, von den Amerikanern aufgegriffen und in ein Gefangenenlager gesteckt zu werden.

Nicht an jede Übernachtung und auch nicht an jede Einzelheit meiner Wanderung kann ich mich heute noch erinnern, auch nicht an jede Wegstrecke, jedoch daran, dass ich kilometerweit am Rhein entlang über die Eisenbahnschienen von Schwelle zu Schwelle gelaufen bin, um der Gefahr zu entgehen, auf der Rheinstraße außerhalb geschlossener Ortschaften von amerikanischen Streifen angehalten und mitgenommen zu werden.

Hin und wieder schloss sich mir ein Heimkehrer an, der ebenfalls der Gefangenschaft entgehen wollte, so vor dem großen Rheinknie bei Boppard. Mein Begleiter wollte den Umweg über die Straße am Rhein entlang vermeiden und schlug mir vor, statt dessen mit ihm den Richtweg durch die Weinberge direkt von Kamp-Bornhofen nach Osterspay und Spay zu nehmen. Ich warnte ihn, da ich wusste, daß die Weinberge von den Deutschen vermint worden waren, um den Vormarsch der alliierten Truppen zu gefährden und aufzuhalten. Er schlug meine Warnung in den Wind. Als ich auf der Straße am Rheinknie entlangging, hörte ich vom Berg her eine Detonation, die durch das ganze Rheintal schallte. Ob er es war, der auf eine Mine geraten ist, habe ich nie erfahren.

Als ich die Lahn erreichte, stellte sich heraus, dass die Brücke von Ober- nach Niederlahnstein von den Deutschen auf ihrem Rückzug gesprengt worden war. Für die Bevölkerung war ein Bootsdienst eingerichtet, und so gelang es mir, trotz zerstörter Brücke die Lahn zu überqueren.

Die Einzelheiten der Wanderung über Uslar, Vallendar, Neuwied und Leutesdorf bis Hönningen sind mir nicht mehr in Erinnerung. In Hönningen aber hatte ich das Pech, dass ein amerikanischer Soldat meinen Fotoapparat, die bewährte Agfa Billy-Record, die ich als Zwölfjähriger für 19,80 RM gekauft hatte, und die mir immer gute Dienste getan, in der Gesäßtasche meiner grauen Hose entdeckte. Er klopfte und tastete sie ab, zog den Apparat heraus und konfiszierte ihn. Ein Protest hätte nur Schlimmeres zur Folge haben können, also fand ich mich mit dem für mich damals schmerzlichen Verlust ab. Ich war wieder einmal mit dem Schrecken davongekommen. Mir war bekannt, wie die Amerikaner im linksrheinischen Rheinwiesenlager bei Sinzig mit deutschen Gefangenen verfuhren. Sie lagen durchnässt, hungernd und frierend im Schlamm unter freiem Himmel und suchten in selbstgeschaufelten Erdlöchern Schutz vor Wind und Kälte. Viele von ihnen starben. Darüber gibt es inzwischen erschütternde Dokumentationen. Um einem solchen Schicksal möglichst zu entgehen, suchte ich nach Beschlagnahme meiner Kamera in Hönningen unverzüglich das dortige Stadtamt auf und beantragte einen Personalausweis, den man mir ohne weiteres im Vertrauen auf meine Angaben ausfertigte. Das erforderliche Passbild befand sich noch in meinen wenigen Habseligkeiten. Immerhin war ich nun in der Lage, mich jederzeit ausweisen zu können.

Die Übernachtung in einem kleinen Häuschen an der Rheinstraße zwischen Erpel und Unkel hat sich mir besonders eingeprägt. Das Häuschen selbst war wenig beschädigt, aber der Ziegenstall war den guten Leuten weggeschossen worden, als die Amerikaner von Remagen aus über den Rhein gesetzt waren; die Ziege aber hatte überlebt und war vor dem Hause angebunden. Als die Frau mich meines Weges ziehen sah, rief sie mir zu: „Jung, wo willste denn hin?" Sie hatte gleich erkannt, dass ich auf der Heimreise war. „Jung, komm herin!" rief sie. „Isch han auch so ne Jung, wie du bist, un mer wisse jarnich, wo er is." Die Sorge dieser Frau um ihren Sohn, die Ungewissheit seines Schicksals bewogen sie dazu, ihre ganze Liebe auf mich zu übertragen. Sie und ihr Mann luden mich ein, die Nacht bei ihnen zu bleiben, und ich willigte gern ein, da es schon auf den Abend zuging. Sie hatten wenig zu geben, aber das Wenige gaben sie mit einer Herzlichkeit, die ihresgleichen sucht. Wir tranken zum Abendessen und zum Frühstück Ziegenmilch und verzehrten unter vielen herzlichen Gesprächen eine einfache Mahlzeit. Als wir zur Ruhe gingen, wurde mir oben in einer Kammer, zu der eine schmale Treppe emporführte, eine große behagliche Bettstelle angewiesen, und ich versank in eine Wolke von weichen üppigen Kissen. Aber die Ziege, für die es kein anderes Unterkommen mehr gab, wurde mir an den Bettpfosten gebunden, nachdem mir vorher gesagt worden war: „Jung, aber de Zeech kömmt mit harup un wät dir an's Bett jebunge." So traulich und urig habe ich nie wieder eine Nacht verbringen können. Am andern Morgen schied ich mit den besten Wünschen für die baldige Rückkehr des Sohnes, und die beiden Alten gaben mir ihre guten Wünsche mit auf die weitere Wanderschaft.

An diesem Tage machte ich auf meinem Wege die Bekanntschaft mit einem Ehepaar und ihren Kindern; und ich bedaure noch heute, dass ich mir ihren Namen nicht gemerkt habe. Wir begegneten uns auf der Rheinstraße und man fragte nach dem Woher und Wohin. Da hieß es plötzlich: „Ach, da kommen Sie auf Ihrem Wege ja durch Rhöndorf. Da besuchen Sie doch unsern Freund Dr.

Adenauer, er wohnt am Zennigsweg; wir werden Ihnen das beschreiben. Hier geben wir Ihnen unsere Karte mit. Grüßen Sie ihn herzlich von uns, sagen Sie ihm, dass es uns allen gut geht; und er wird Sie bestimmt eine Nacht bei sich aufnehmen." Ich hatte damals keine Ahnung, wer Dr. Adenauer war, steckte die Karte vergnügt ein, kam schon gegen Mittag in Rhöndorf an und freute mich, wieder ein Nachtquartier sicher zu haben. Da ich den alten Herrn nicht im Mittagsschlaf stören wollte, setzte ich mich etwa zwei Stunden lang auf eine Bank am Zennigsweg, nicht weit von seinem Hause und schellte dann nach 15 Uhr bei ihm an. An der Tür erschien Adenauer persönlich, fragte nach meinem Begehr, nahm Karte und Grüße kühl entgegen und wünschte mir einen guten Heimweg, ungeachtet dessen, dass ich ihn die Empfehlung seiner Freunde, mich für eine Nacht bei sich zu beherbergen, hatte wissen lassen. Enttäuscht setzte ich meinen Weg fort. Zwei kostbare Stunden hatte ich verloren.

Das Adenauer-Haus am Zennigsweg in Rhöndorf

Zweimal von den Amerikanern aufgegriffen

Als ich nach Beuel kam, stand ich vor der Entscheidung, entweder dort ein Quartier zu suchen, bis der sogenannte Ruhrkessel, der sich damals noch östlich bis Kassel ausdehnte und immer noch gegen die Alliierten verteidigt wurde, geschmolzen und zusammengeschrumpft sei, oder ihn zu umgehen auf einer Wanderung über das Rheinische Schiefergebirge und den Westerwald in östlicher Richtung.

Ich entschied mich für das Letzte, zumal es schwierig sein würde, ein längeres Unterkommen in Beuel zu finden. Zudem wollte ich keine Zeit verlieren und konnte, wenn der Ruhrkessel geschrumpft sein würde, jederzeit den direkten Weg nordwärts nehmen.

Unvergesslich ist mir der dann folgende Abend im Pfarrhaus zu Stieldorf geblieben. Der Pfarrer, begabt mit köstlichem Humor und herzquickender Fröhlichkeit, wusste das Gespräch so originell und amüsant zu würzen, dass wir Tränen gelacht haben. Leider sind mir Einzelheiten nicht in Erinnerung geblieben, und auch den Namen des Pfarrers habe ich leider vergessen.

Am folgenden Tag wurde ich bei Oberpleis von der amerikanischen CIC aufgegriffen und einem jungen Offizier zum Verhör vorgeführt. Es stellte sich heraus, dass seine Eltern deutscher Abstammung waren und er am Erlernen der deutschen Sprache interessiert war. Zwischen ihm und mir spielten bald einige Sympathien, so dass wir ein längeres Gespräch führten, in dem er deutsch sprach und ich englisch. Er stellte mir, obwohl das eigentlich gegen die Verfügungen der amerikanischen Militärregierung verstieß, auf Grund meines Personalausweises einen Passierschein aus, der besagte, dass ich mit Wissen und Billigung der amerikanischen Militärregierung nach Hause unterwegs sei, und dass man mich überall passieren lassen möge. Nach einem herzlichen Abschied machte ich mich unbesorgt auf den weiteren Weg, suchte die amerikanischen Posten und Kontrollen nun nicht mehr zu meiden, wurde auch von ihnen nach Vorweisen des Passierscheins ungehindert durchgelassen und ging wohlgemut und sicher meines Weges.

Als ich die Gegend von Siegen erreichte, war der Ruhrkessel so weit geschrumpft, dass ich nun meine Route nordwärts durch das Sauerland nehmen konnte, und zwar über Hilchenbach und Kirchhundem. Aber während man am Rhein die Straße nicht verlassen durfte, war es Deutschen im Sauerland aus militärischen Gründen nicht gestattet, sie auf längeren Strecken zu begehen. So wanderte ich auf den vom Sauerländischen Gebirgsverein gut ausgezeichneten Höhen- und Wanderwegen nordwärts und ging nur zur Übernachtung ins Tal und in die Ortschaften hinunter. Bei einer solchen Gelegenheit widerfuhr mir ein unangenehmes Missgeschick. Ich war über Schmallenberg bis auf die Höhe von Fredeburg gekommen und stieg hinunter in den Ort. Man ließ mich in die Stadt hinein; als ich sie aber nördlich Richtung Meschede wieder verlassen wollte und die Wache passierte, nahm man mir meinen von der CIC ausgestellten Passierschein ab und fuhr mich in einem Jeep zum Stadtkommandanten, der auf einer Treppe – vielleicht des Rathauses? – stand, sich den Passierschein aushändigen ließ und ihn dann konfiszierte. Nach seiner Physiognomie vermutete ich jüdische Abstammung. Er ließ mich in einen in den Berg eingetriebenen Stollen bringen, in dem verschiedene andere Leute gefangengehalten wurden, auch Frauen. Eine Bewachung verhinderte das Entkommen, und in der Nacht schliefen wir auf Strohsäcken, die an den Wänden entlang lagen. Wie lange diese Gefangenschaft dauern sollte, war niemand klar, aber es gelang mir am folgenden Morgen in einem günstigen Augenblick, als die Aufmerksamkeit der Wache abgelenkt war, zu entwischen. Da aber Fredeburg an allen Straßen, die aus dem Ort führten, von Amerikanern bewacht war, die jeden Passanten kontrollierten, schien es fast unmöglich, aus der Stadt zu entweichen.

Da kam mir der Umstand zu Hilfe, dass an dem Tage in Fredeburg Markt war, der auch von Gleidorfern besucht wurde. Als ich ein altes Mütterchen ihre schweren Markttaschen in Richtung Gleidorf schleppen sah, machte ich ihr den Vorschlag, ihr beim Tragen zu helfen; dafür solle sie mich bei der Wache als ihren Sohn ausgeben. Die schwerste Tasche trugen wir gemeinsam. Der Trick gelang, wir konnten ungehindert passieren, und von Gleidorf aus entwich ich wieder in die Wälder, um den Höhenweg nach Norden einzuschlagen. Ich hatte inzwischen erfahren, dass man in dieser Gegend besonders unnachsichtig verfuhr, weil sich noch versprengte Einheiten der Waffen-SS in den Wäldern versteckt halten sollten. Ich bin ihnen nicht begegnet, wohl aber wiederum amerikanischen Soldaten. Ich dachte mir: Jetzt nicht ausweichen oder verstecken, sondern offensiv werden. In der Hand hielt ich blütenweißes amerikanisches Weißbrot, das ich am Wege gefunden hatte. So etwas galt damals als köstliche Delikatesse. Ich biss herzhaft hinein, ging auf die Amerikaner zu und rief ihnen entgegen, dass man mit solchem Brot den Krieg allerdings wohl gewinnen könne. Ob es denn wahr sei, dass Goebbels Rattengift genommen habe und endlich tot sei. Die Amerikaner konnten das nicht bestätigen, es amüsierte sie aber, und sie ließen mich ziehen. Dieser Vorfall ereignete sich vor Mitte April, Goebbels verübte Suizid am 1. Mai. Ich kann heute nicht mehr sagen, ob ein entsprechendes Gerücht den Grund für meine Äußerung abgegeben hat, oder ob ich damals die Todesart von Goebbels vorausvermutet habe. Jedenfalls habe ich die Szene in der geschilderten Weise in Erinnerung behalten.

Ankunft in der Heimat

Nun ging es über Bödefeld und Remblinghausen nach Meschede und von dort über den Stimm-Stamm und über Hirschberg weiter nach Norden. In Meschede warnte man mich dringend, über den Stimm-Stamm zu gehen, da die Wälder vollägen mit ehemaligen russischen Kriegsgefangenen, die als Wegelagerer jedem Deutschen gefährlich wären und zudem plündernd und marodierend in der Gegend umherzögen, ringsum alles unsicher machend. Welchen Umweg aber sollte ich nehmen? Westlich über Arnsberg, östlich über Velmede und Bestwig? Ich vertraute auf mein gutes Glück und schlug den Weg über den Stimm-Stamm ein. Wie aber erschrak ich, als ich die rachedurstigen Horden dieser grausam versklavten, nunmehr freigelassenen, zur Gewalt entschlossenen Menschen vor mir sah. Sie lagerten sich ringsum im Wald. Als ich mich ihnen näherte, erhob sich ein bedrohliches Gemurmel, das zu lauten Stimmen anschwoll, und gleich einer aufgestörten Herde von zischenden und fauchenden Gänsen kamen sie auf mich zu, um handgreiflich zu werden. Ein kalter Schauer durchfuhr mich, aber auch ein rettender Gedanke. Fröhlich winkend rief ich ihnen entgegen: „Hollander, na Huis heen gaan!" und schwadronierte dann in meiner plattdeutschen Mundart unter Beimischung einiger holländischer Brocken scheinbar unbekümmert auf sie ein. Die schon zum Angriff erhobenen Arme sanken, die aggressive Anspannung der Körper erschlaffte wie nach einer erleichternden Mitteilung, die Gesichter wurden freundlich, man winkte mir kameradschaftlich zu, und ihre besten Wünsche begleiteten meinen weiteren Weg.

Von hier an ist nicht mehr viel zu berichten, aber dennoch einiges Bemerkenswerte. Auf meiner dreiwöchigen Wanderung durch den Rheingau, die Rheinlande, den Westerwald und das Sauerland habe ich jede Nacht ein gemachtes Bett vorgefunden und bin wie ein Gast aufgenommen und behandelt worden. Als ich aber in die geliebte und auf langen Wegen ersehnte Heimat kam, in mein mir vertrautes Münsterland, da gab es kein Bett mehr, das mir angeboten worden wäre. Misstrauisch verwiesen mich die Bauern in die Scheune. Zum Glück habe ich vergessen, wo und wie oft das war. Ich schätze zwei- oder höchstens dreimal. Die Orte und die Namen sind vergessen, zum Glück.

Aber es gab auch eine andere Besonderheit. Zwischen Westkirchen und Freckenhorst nahm mich ein Bauer eine Strecke auf seinem Pferdewagen mit. Er bot es von sich aus an. So bin ich denn auch ein Stückchen auf dem langen Heimweg gefahren.

Um nicht etwa noch im letzten Augenblick vor der Heimkehr von der englischen Besatzungsmacht inhaftiert und gefangengesetzt zu werden, näherte ich mich unserem damaligen Wohnort, der Stadt Warendorf, nicht auf der Landstraße, sondern auf dem alten Römerweg von Freckenhorst her, der beim Friedhof in Warendorf ausläuft. Übervorsichtig durchquerte ich die Stadt und kam dann über die Milter Straße zum Sandknapp, wo wir unsere kleine Evakuiertenbehausung im Tovarhäuschen hatten. Während ich mich dem Sandknapp näherte, sah ich meinen um vier Jahre jüngeren Bruder, den Milchtopf in der Hand, die Milter Straße überqueren, um Milch vom Milchhändler zu holen. Aus einiger Entfernung rief ich ihn laut bei Namen. Er sah mich entgeistert an, stutzte, erschrak, ließ den Milchtopf fallen, der in Scherben auf dem Pflaster zerschellte, und begriff dann erst allmählich, dass die Erscheinung Wirklichkeit war. Man hatte mich in Regensburg vermutet und fürchtete, ich möchte dort in den Kämpfen umgekommen oder in Gefangenschaft geraten sein. Postkarten und Briefe, die ich an vielen Stationen meiner

Wanderung bei den Leuten hinterlassen hatte, mit der Bitte, sie nach Wiederaufnahme der Postzustellung abzuschicken, konnten bis dahin noch nicht befördert sein. Später ist davon auch nur eine einzige Postkarte angekommen.

Am 31. März war ich von Frankfurt weggegangen, am 19. April, genau 20 Tage später, erreichte ich Warendorf.

Das Tovarhaus auf dem Sandknapp in Warendorf: Evakuiertenbehausung unter dem Dach.

Die erste Zeit nach der Heimkehr

Die Heimkehr hätte noch ein böses Nachspiel haben können, wenn ich auf meine Mutter gehört hätte. Wenige Tage nach meiner Ankunft in Warendorf erging von der Besatzungsmacht ein Aufruf an alle Männer. Sie hatten sich an einem bestimmten Tage auf dem Marktplatz einzufinden, um dort eine Bescheinigung in Empfang zu nehmen, die als zusätzlicher Ausweis vorgeschrieben wurde. Das Nichterscheinen war mit Strafe bedroht worden. Ich weigerte mich, dem Aufruf zu folgen, obwohl meine Mutter mich immer wieder in größter Sorge bedrängte.

Als die Warendorfer Männer zum Empfang der vorgeschriebenen Bescheinigung auf dem Marktplatz versammelt waren, hat man sie scharenweise auf Lastwagen geladen und in belgische und französische Bergwerke verfrachtet, wo sie viele Monate oder gar ein bis zwei Jahre Sklavenarbeit leisten mussten. Viele von ihnen sind krank und für ihr Leben geschädigt zurückgekehrt. Nach jenem Aufruf und Abtransport war nie wieder von dieser Bescheinigung die Rede; Kontrollen bei denen, die sie ausgehändigt bekommen hatten, gab es meines Wissens nicht.

Am 8. Mai 1945 war der Krieg zu Ende, aber die Bedrohung im Lande durch freigewordene marodierende Kriegsgefangene hielt noch längere Zeit an. Von ihnen galten die Russen als die gefährlichsten. In den Nächten überfielen sie Bauerngehöfte, plünderten, misshandelten und erschossen, wo ihnen Widerstand entgegengesetzt wurde. In vielen Fällen wird auch Rache für schlechte Behandlung oder Missachtung während der Zeit der Versklavung eine Rolle gespielt haben; es wurde aber auch blindlings geplündert und gemordet.

Im Mai 1945 stellte ich mich dem amerikanischen Überfallkommando in Warendorf als Dolmetscher zur Verfügung. Wir fuhren in den Nächten durch die Bauerschaften, kontrollierten, kehrten auf den Höfen ein, wo man über unsere Anwesenheit froh war. Die Bauern tischten reichlich auf, und die Amerikaner spendierten Zigaretten, Kaugummi und Schokolade. Wo wir umherstreunende Russen oder Polen fanden, wurden sie festgenommen, ins Polizeigefängnis nach Warendorf gebracht, jedoch am nächsten Tag wieder freigelassen. Erst als sie in ihre Heimat zurückkehren konnten, traten allmählich Ruhe und Sicherheit wieder ein.

Aber viele Städte lagen in Trümmern; mein Elternhaus in Münster war am 12. September 1944 in Schutt und Asche gesunken; eine Rückkehr dahin gab es nicht.

Mehr als ein halbes Jahrhundert ist über all das hinweggegangen. Diejenigen, die den Krieg und das Kriegsende erlebten, werden von Jahr zu Jahr weniger, diejenigen, für die das alles Geschichte ist, werden mehr. Sind Völkerhass und Rassenhass, Ächtung und Ausgrenzung des Andersdenkenden seltener und weniger geworden, seit Hitler tot ist und sein Tausendjähriges Reich zusammenbrach? Es sieht nicht danach aus. Aber wohin sollen wir desertieren, wenn wir es nicht ändern können?

Das Elternhaus des Autors Junkerstraße 22 in Münster vor und nach der Zerstörung

Nachtrag

Der vorstehende Bericht erschien aus Anlass der 50. Wiederkehr des Kriegsendes in 13 Folgen zuerst in der Verbraucherzeitung „kaufen + sparen" vom 16. Februar bis 17. Mai 1995 in Münster, in Kurzfassung auch in der „Münsterschen Zeitung" vom 8. Mai 1995 und den „Ruhr-Nachrichten" vom 11. Mai 1995. Der Artikelfolge stellte ich damals einen Vorspann voran mit folgendem Wortlaut:

„Da ich dies niederschreibe, sind fast fünfzig Jahre vergangen seit jenen Ereignissen, deren Zeitzeuge ich geworden und die aufzuzeichnen ich schon so oft im Laufe zurückliegender Jahrzehnte aufgefordert worden bin. Bisher habe ich nur im engeren Familien- und Freundeskreis davon erzählt, in den letzten zwanzig Jahren immer seltener und nur da, wo ich ein Interesse an jenen Erlebnissen vermutete. So bedurfte es denn auch der Anregung von außen her, die Dr. Gisela Schwarze durch einen Aufruf an die westfälischen Autoren zur 50. Wiederkehr des Kriegsendes ergehen ließ, um schriftlich festzuhalten, was mir durch fünf Jahrzehnte hin, wenn auch nicht in allen Einzelheiten, so doch in den wesentlichen Abläufen, in Erinnerung geblieben ist."

Im Laufe des Jahres 1995 habe ich diesen Bericht als Vortrag in ungezählten Städten und Dörfern zahlreichen Zuhörern zugänglich gemacht, und zwar auf Veranstaltungen von Volkshochschulen, Heimatvereinen und anderen Organisationen, auch vor der Schülerschaft verschiedener Gymnasien, u.a. in Burgsteinfurt, Münster und Lüdinghausen, auch in Realschulen. Die Resonanz war damals unterschiedlich, bei älteren Zuhörern manchmal aggressiv kritisch, bei jüngeren überwiegend zustimmend. Mein bisher letzter Vortrag im Historischen Museum in Bielefeld im Rahmen der Deserteur-

Ausstellung „Was damals Recht war..." im März 2009 machte die Zuhörer betroffen und wurde mit großer Zustimmung aufgenommen. Die unmittelbare Resonanz auf meine Artikelfolge hielt ich in einem Nachtrag vom 17. Mai 1995 fest:

„Der über 13 Folgen gehende Bericht meiner Kriegserlebnisse hat manche Reaktionen und Emotionen hervorgerufen; einige davon möchte ich den Lesern mitteilen, weil sie nicht uninteressant und in mancher Hinsicht wichtig sind.

Zustimmung fand mein Bericht aus dem Osten bei der Schwester eines ehemaligen Kameraden. Ihr war das alles aus Erzählungen ihres Bruders geläufig. Ein anderer ehemaliger Kamerad, der in Münster lebt, machte mir Mitteilungen von Vorgängen, die mir bisher unbekannt waren. So ist er mit einem Teil der Mannschaft des RAD-Lagers in Turek über Posen nach Regensburg gelangt. Ich wußte von dieser Abzweigung des Transports bisher nichts. Es erklärt aber, warum nicht alle ehemaligen Kameraden im Brückenkopf von Steinau zugrundegingen, und warum ich von Clarholz aus einen Marschbefehl nach Regensburg erhielt. Dort wurden er und seine Kameraden als „Kettenhunde" eingesetzt und hatten auf zurückflüchtende deutsche Soldaten zu schießen. Er selbst hat auf keinen geschossen, aber mir ist klar, welche schauderhaften Befehle ich auszuführen gehabt hätte, wenn ich nicht desertiert wäre. Im übrigen berichtete er vom Überfall der Sowjets auf ein benachbartes RAD-Lager, wobei alle jungen Kameraden ausnahmslos ermordet worden seien.

Mit zwei Anrufen wurde ich kräftigt beschimpft als jemand, der seine Kameraden im Stich ließ, der die Ehre der Kämpfenden beschmutzt habe, der sich schämen solle, weil es ihm nur darum gegangen wäre, die eigene Haut zu retten, dessen Pflicht und Schul-

digkeit es gewesen wäre, bei den Kameraden an der Front auszuharren und das Vaterland zu verteidigen. – Ein anonymer Anrufer beklagte, dass er von meinen Artikeln Zahnschmerzen bekomme; ich empfahl ihm, einen Zahnarzt aufzusuchen und – falls das nicht helfen sollte – einen Psychiater. – Ein guter alter Bekannter zeigte sich empört, weil ich die Ehre der deutschen Soldaten beschmutzt hätte, er will nichts mehr mit mir zu tun haben. In meinen Augen sei er ein Kriegsverbrecher. Mir sind solche Folgerungen unbegreiflich, aber wenn jemand sich selbst so sieht, wird wohl etwas Wahres daran sein."

Eine etwas verspätete, mich damals besonders betroffen machende Reaktion traf bei mir Anfang Juni 1995 ein. Es war ein Brief aus Olfen, datiert am 4 .Juni 1995. Er sei hier wörtlich wiedergeben:
„*...mit großem Interesse habe ich u.a. Ihre Veröffentlichung in der Presse (RN vom 11.05.95) über Ihre schrecklichen Kriegserlebnisse zur Kenntnis genommen.*
Nun mein eigentliches Anliegen und gleichzeitig meine Bitte:
Ich bin der Bruder des wie Sie, am 05. Januar 1945 nach Turek zum Arbeitsdienst eingezogenen Karl Bünder, geb. 12.03.1928.
Siehe beigefügte Ablichtung seines ersten und letzten Briefes vom 14.01.1945 (im Brief ist wohl versehentlich 1944 vermerkt)
Bis auf das Ergebnis einer Suchmeldung des DRK vom 17. April 1972 (als Anlage beigefügt) hat unsere Familie keine weitere Nachricht erhalten.
Ich möchte freundlichst fragen, ob Sie möglicherweise meinen Bruder gekannt oder gesehen haben.
Für den Fall, bitte ich herzlich um eine kurze Nachricht, auch telefonisch. Im Namen meiner Geschwister sage ich schon im voraus ein herzliches Dankeschön."

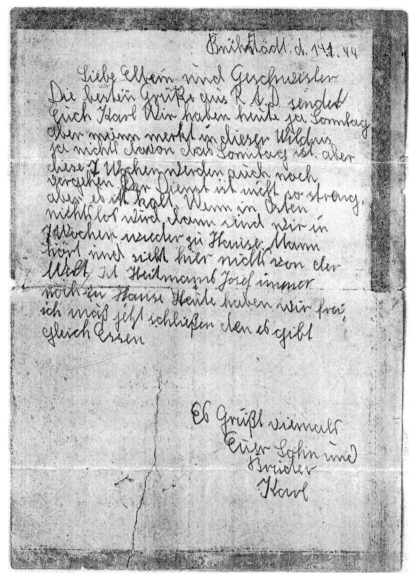

Brief von Karl Bünder an seine Familie

Und nun der erste und letzte Brief meines mir leider unbekannt gebliebenen Kameraden Karl, der die ganze Ahnungslosigkeit vieler junger Menschen, die zur Front einberufen worden waren, auf geradezu erschütternde Weise bloßstellt

„Brükstädt, d. 14.1.44

Liebe Eltern und Geschwister.
Die besten Grüße aus R.A.D. sendet Euch Karl. Wir haben heute ja Sonntag, aber mann merkt in dieser Wildnis ja nichts davon das Sonntag ist, aber diese 7 Wochen werden auch noch vergehen. Der Dienst ist nicht so streng, aber es ist kalt. Wenn im Osten nichts los wird, dann sind wir in 7 Wochen wieder zu Hause. Mann hört und sieht hier nichts von der Welt. Ist Heitmanns Josef immer noch zu Hause. Heute haben wir frei, ich muß jetzt schließen den es gibt gleich Essen.
Es grüßt vielmals Euer Sohn und Bruder Karl"

Wo und wie dieser ahnungslose junge Mann im Inferno des Krieges zu Tode gekommen ist, weiß niemand, und niemand wird es je erfahren.

„Dulce et decorum est pro patria mori!" Süß und ehrenvoll ein solcher Tod? Doch wohl nichts anderes als eine zynische Verhöhnung der auf Befehl Hingemordeten und der Trauer ihrer Angehörigen. –

Jeder Krieg und jeder Befehl zum kriegerischen Einsatz mit seinem Massenmorden ist aus humaner und ethischer Sicht als ein Verbrechen gegen die Menschlichkeit zu qualifizieren, gestern, heute, morgen und für alle Zukunft.